BEI GRIN MACHT SICH IHR WISSEN BEZAHLT

AF151489

- Wir veröffentlichen Ihre Hausarbeit,
  Bachelor- und Masterarbeit

- Ihr eigenes eBook und Buch -
  weltweit in allen wichtigen Shops

- Verdienen Sie an jedem Verkauf

Jetzt bei www.GRIN.com hochladen und kostenlos publizieren

Bibliografische Information der Deutschen Nationalbibliothek:

Die Deutsche Bibliothek verzeichnet diese Publikation in der Deutschen National-
bibliografie; detaillierte bibliografische Daten sind im Internet über http://dnb.d-
nb.de/ abrufbar.

Impressum:

Copyright © 2014 GRIN Verlag
Druck und Bindung: Books on Demand GmbH, Norderstedt Germany
ISBN: 9783668031166

Dieses Buch bei GRIN:

https://www.grin.com/document/305197

Anonym

August Hermann Franckes Bildungskonzept im Spannungsfeld von Pädagogik und Theologie

GRIN Verlag

GRIN - Your knowledge has value

Der GRIN Verlag publiziert seit 1998 wissenschaftliche Arbeiten von Studenten, Hochschullehrern und anderen Akademikern als eBook und gedrucktes Buch. Die Verlagswebsite www.grin.com ist die ideale Plattform zur Veröffentlichung von Hausarbeiten, Abschlussarbeiten, wissenschaftlichen Aufsätzen, Dissertationen und Fachbüchern.

Besuchen Sie uns im Internet:

http://www.grin.com/

http://www.facebook.com/grincom

http://www.twitter.com/grin_com

Inhaltsverzeichnis

1. Einleitung

Alle Klugheit, sie habe Namen, wie sie wolle, muß Gottes Ehre zum Ziel und Zweck haben und muß alle anderen Dinge gebrauchen, solchen heiligen Zweck zu erreichen.[1]

Dieses Zitat von August Hermann Francke fasst in einer prägnanten Form seine pädagogische Idee und sein Konzept zusammen. Der obengenannte Pädagoge und evangelische Theologe spielte eine maßgebliche Rolle bei der Entwicklung der Pädagogik in Deutschland. Seine Leitgedanken verfestigten sich bis in die heutige Zeit. Wichtig für Francke war stets die adäquate Verbindung zu Gott und der Religion.

In der Folgenden wissenschaftlichen Hausarbeit soll das Bildungskonzept, August Hermann Franckes, im Spannungsfeld von Pädagogik und Theologie untersucht werden. Ziel dieser Hausarbeit soll sein, herauszufinden, welche Rolle die Theologie innerhalb der Pädagogik Franckes gespielt hat.

Um die Thematik besser interpretieren zu können, soll zunächst einmal die Pädagogik, August Hermann Franckes, bezüglich seiner historischen und biographischen Zusammenhänge kontextualisiert werden. Aus diesem Grund wird vorerst seine Biographie in einer kurzen Form, mit dem Schwerpunkt auf sein pädagogisches Handeln vorgestellt. Anschließend wird der Pietismus und dessen Bezug zu Francke verdeutlicht. Darauffolgend soll konkreter auf das Erziehungskonzept Franckes eingegangen werden. Dies wird mit einem Beispiel, und zwar seiner Arbeit im Waisenhaus, exemplifiziert. Im Anschluss darauf wird die Aktualität von Franckes pädagogischen Konzepten veranschaulicht und zum Abschluss ein Fazit gezogen.

2. Biographie Franckes mit Schwerpunkt auf sein pädagogisches Handeln

August Herrmann Franckes wurde am 12. März 1663 in Lübeck geboren.[2] Sein Vater war ein angesehener Jurist, der selbst allerdings aus armen Verhältnissen stammte. Mit drei Jahren zog Francke mit seinem Vater nach Gotha, wo dieser Herzog Ernst dem Frommen

---

[1] Zit. nach : Teltow, Jürgen, 2005
[2] Die bibliographischen Angaben über A.H. Francke wurden in erster Linie entnommen aus: Beyreuther, Erich, 1961, S. 322-325.

diente. Letztere hatte bedeutende Bildungsreformen veranlasst, was auch Francke als Jungen betraf, möglicherweise beeinflusste dies den Jungen in seiner späteren Tätigkeit und seinen pädagogischen Ansichten.[3]

Später begann er zunächst in Erfurt Theologie zu studieren, wechselte darauffolgend nach Kiel und anschließend nach Leipzig. Dort erlangte er 1685 den Magistertitel. Zu dieser Zeit gründete er einen Verein, welcher sich mit der Exegese beschäftigte. Francke war der Ansicht, dass sich die damals vorherrschende Strömung der evangelischen Theologie, die sogenannte lutherische Orthodoxie, zu wenig mit diesem wichtigen Punkt beschäftigte. Hier wurde bereits sein späterer Konflikt mit dieser Ideologie deutlich. Während dieser Zeit geriet er in eine tiefe Glaubenskriese, die er aber bald überwand. Danach gab er allerdings seine Zukunftspläne als Intellektueller auf und erklärte nur noch Gott allein dienen zu wollen. Dieses Konzept der religiösen Bekehrung und Wiedergeburt spielt eine zentrale Rolle in der von Francke mitgeprägten pietistischen Ideologie.

Daraufhin ging er nach Hamburg, um sich weiterzubilden. Seinen Unterhalt finanzierte er sich durch Unterricht an Kindern. Dadurch gewann er zum ersten Mal praktischen Einblick in die Erziehung.[4] Er hielt eine Zeit lange Vorlesungen in Leipzig, wo er für seine pietistischen Positionen heftig kritisiert wurde, bis man ihn zum Pfarrer in Erfurt ernannte. Dort wurde dem gläubigen Protestanten vorgeworfen, eine Sekte gegründet zu haben, worauf folgend man ihn 1691 absetzte. Danach wurde er Pfarrer in Glaucha, einem Vorort von Halle und Professor für orientalische Sprachen an Universität in Halle.[5] 1695 wurde der Bau seiner Armenschule fertiggestellt, in der er die Kinder täglich 2 Stunden von einem armen Studenten unterrichten ließ. Dieses Projekt bewährte sich und bald wollten auch Bürger ihre Kinder am Unterricht teilnehmen lassen. Gleichzeitig gründete er das Pädagogium, in dem Kindern bürgerlicher Familien unter anderem in Latein unterrichtet wurden. 1698 habilitierte er zum Professor für Theologie und 1715 Oberpfarrer in Halle.

Zur selben Zeit verfasste er zahlreiche Streitschriften, welche sich mit der lutherischen Orthodoxie beschäftigten. 1727 starb August Hermann Franke im Alter von 64 Jahren in Halle an der Saale. Zu diesem Zeitpunkt wurden an der von ihm aufgebauten Schule mehr als 2000 Kinder und Jugendlichen unterrichtet. Seine pädagogischen Ideale waren für die Zukunft von gesonderter Relevanz.

---

[3] Vgl. Mönch, Regina, 2013.
[4] Vgl. Beyreuther, Erich, 1958, S.16
[5] Vgl. Bunke, Ernst, 1986, S. 39 ff.

3. Pietismus

3.1 Begriffserklärung und Hintergrund

Im Folgenden soll versucht werden eine kurze Übersicht über die Lehre des Pietismus zu geben, die von August Hermann Francke maßgeblich mitgeprägt wurde und für die er einer der wichtigsten Vertreter war.

Beim Pietismus handelt es sich um eine Strömung in der evangelischen Theologie des 17. und 18. Jahrhunderts. Sein Hauptaugenmerk liegt innerhalb der Religiosität des Einzelnen, von der die Pietisten glaubten, dass dies in der evangelischen Kirche der Zeit zu wenig betont wurde.[6]

Hierbei ist vor allem das Konzept der Bekehrung und der religiösen Wiedergeburt zu erwähnen. Nach der pietistischen Ideologie bilden nur diejenigen, die diese Wiedergeburt erlebt haben, die wahre Kirche.[7] Hierzu sei auf Franckes Glaubenskrise verwiesen, nach der dieser zum Pietisten wurde und beschloss, nur noch Gott allein zu dienen. Ursprünglich ist die Bezeichnung „Pietismus", der sogenannten lutherischen Orthodoxie, das heißt der etablierten evangelischen Theologie zuzuordnen. Der Pietismus zerfällt in verschiedene Strömungen, deren hauptsächliches Unterscheidungsmerkmal der Umgang mit der Hauptkirche ist. Die erste Strömung, die zum Beispiel durch Francke vertreten wurde, ist der innerkirchliche Pietismus, welcher als Ziel die Reform der evangelischen Kirche von Innen hatte. Dem gegenüber stand der sogenannte radikale Pietismus, wie er unter anderem von Gottfried Arnold vertreten wurde. Dieser strebte danach, eigene Gemeinschaften außerhalb der etablierten Kirche aufzubauen und lehnte sich stark an die christliche Mystik an. Einer der Punkte, die dem Pietismus häufig vorgeworfen werden ist seine angebliche Wissenschaftsfeindlichkeit und Gegnerschaft zur Aufklärung.[8] Der Pietismus würde durch seine Betonung individueller religiöser Erfahrung jede rationale Betrachtung der Bibel unmöglich machen. Diese Kritik ist im Großen und Ganzen natürlich berechtigt, allerdings erkannte grade Francke die Wissenschaft durchaus an. Allerdings sah er sie als weitaus weniger wichtig als die Religion. Außerdem gilt der Pietismus als eine Lehre, die die herrschende Ständegesellschaft als gottgegeben akzeptierte und somit stützte. Tatsächlich lehnten die Pietisten die revolutionäre Veränderung der Gesellschaft ab. Seine Vertreter

---

[6] Vgl. Dittrich-Jacobi, Juliane, 1976, S.43
[7] Vgl. Ebd. S.45
[8] Vgl. Mentzel, Friedrich-Franz, 1993 S. 45

verstanden die herrschenden Obrigkeiten als Wiederspieglung Gottes und begründeten somit die Pflicht zur Unterwerfung unter deren Autorität.

Andererseits hatten sie durchaus das Ziel mit ihrer Frömmigkeit die Welt praktisch zu verändern und kritisierten auch staatliche Stellen, wenn diese ihrer Meinung nach ihren Aufgaben nicht richtig nachkamen.

3.2 Francke und der Pietismus

August Hermann Francke war mit Sicherheit einer der bedeutendsten Vertreter des Pietismus in Deutschland. Dabei ist Francke eher durch die Praxis seiner pädagogischen Einrichtungen von Bedeutung, weniger als Theoretiker.

„Das praktische Werk Franckes ist weitaus größer als die Ideologie, die vertritt und formt."[9] Alle seine Predigten hatten stets einen Bezug zu seiner Arbeit und dennoch lässt sich daraus auch Franckes theoretische Position erarbeiten. Er hatte, wie der Pietismus im Allgemeinen, dass Ziel einer umfassenden Reform der Kirche auf der Basis des individuellen Glaubens und der religiösen Wiedergeburt.[10]

Zusätzlich betonte er im Besonderen die Bedeutung von guten Taten wie Almosen oder auch seine Bildungsarbeit im Gegensatz zu den kirchlichen Ritualen, wie der Taufe und dem Gottesdienst.

Auch die typische kritische Haltung gegenüber der Wissenschaft findet sich bei ihm, allerdings ist Franckes Bild hier zwiespältig. Einerseits ermutigte zum Erlernen von Sprachen und förderte auch sonst die Wissenschaften in seinen Einrichtungen. Andererseits kritisierte er sie auch immer wieder scharf.

Ein weiterer Punkt, der zum Verständnis von Franckes Theologie bedeutsam ist, ist sein Verhältnis zur Arbeit[11]. Dieser sah er als praktische Frömmigkeit an. Gleichzeitig betonte er ihren Nutzen zur Unterdrückung aufständischer Bestrebungen, worin die Tendenz des Pietismus zur Unterwerfung vor der Obrigkeit erkennbar ist.

Alles in allem ist Franckes Theologie typisch für den Pietismus und prägte diesen weitreichend.

---

[9] Bergner, 1964, S.24
[10] Vgl. Ebd. S.27
[11] Vgl. Oschlies, Wolf, 1968, S.30ff.

Vor allem seine pädagogische Tätigkeit stellt ein wichtiges Zeugnis für das praktische Beispiel der damaligen neuen Ideologie dar.

4. Das pädagogische Verständnis Franckes

4.1 Pädagogisch-pietistische Erziehungsgrundsätze

Franckes Pädagogik ist genauso wie seine Theologie, grundsätzlich an die gesamte Menschheit gerichtet, genauer gesagt an alle Menschen als potentielle Christen. Andererseits handelt es sich bei Francke auch um einen praktischen Pädagogen, dessen theoretisches Werk sich immer auch auf seine Praxis beziehen ließ.[12] Grundlage von Franckes pädagogischen Ansichten ist die Einteilung der Gesellschaft in drei Stände: Den höchsten Stand wiederspiegelte der Herrschstand (Adel), anschließend kam der Lehrstand (Lehrer, Priester, Gelehrte etc.) und zum Abschluss der Hausstand, in dem das einfache Volk subsummiert wurde.[13] Das entspricht im Großen und Ganzen der zu dieser Zeit vorherrschenden Ständeordnung.

Als Ziel seiner Arbeit betrachtete er die Linderung der geistigen und körperlichen Not des Hausstandes, also der einfachen Bevölkerung. Unter geistiger Not verstand er dabei den Mangel an Bildung und Glauben, das Körperliche hingegen bezeichnete die Armut und den Hunger.

Dabei begriff er grade die körperliche Not auch als Weg Gottes, den Menschen zur Religion zu führen.[14]

Hierin lässt sich ein Grundzug von Franckes Denken deutlich erkennen: Seine Projekte dienten nie ausschließlich dazu, den Menschen zu helfen. Die Almosen hatten stets auch das Ziel, die Menschen zum Glauben zu bewegen. Seine Hauptaufgabe zum Erreichen dieser Ziele sah er im Unterrichten. Hierbei ist anzumerken, dass es für ihn kein Unterschied zwischen dem Lehren und der Tätigkeit als Theologe bestand.[15]

Nach Franckes Vorstellungen sollte durch den Lehrstand, der die Jugend im christlichen Sinn erziehen sollte, die Gesellschaft zum Besseren verändert werden.[16]

---

[12] Vgl. Ebd. S.70.
[13] Vgl. Dittrich-Jacobi, Juliane, 1976, S.76-83
[14] Vgl. Menck, Peter, S. 25-44.
[15] Vgl. Oschlies, Wolf, 1968, S.77
[16] Vgl. Menck, Peter S.20.

Diese Erziehung sollte den Menschen wieder zum Ebenbild Gottes machen, dass er nach christlicher Lehre ja ursprünglich war, indem er ihn von der Verderbnis durch die Sünde befreite.

Hierbei spielte auch der Begriff der Ehre Gottes eine große Rolle, auf den Francke immer wieder verwies.

Um diese Ziele zu verwirklichen kannte Francke verschiedene Methoden, zum Beispiel Unterricht und Zucht.[17] Unterricht steht hier für die Vermittlung von Stoff.

Zucht hingegen bezeichnete Strafen, die dazu dienen sollten den Eigen-Willen des einzelnen zugunsten des Willens Gottes zu brechen. Francke kannte, in Übereinstimmung mit der Psychologie seiner Zeit sogenannte Seelen-Kräfte, den Willen und den Verstand[18]. Die Erziehung des Willens stand für ihn dabei im Vordergrund. Dies zeigt erneut die Grundtendenz von Franckes Ansichten, die Wissenschaft und der Verstand stehen stets im Hintergrund im Verhältnis zu Religion und Glauben.

Gleichzeitig waren seine Einrichtungen stets so aufgebaut, dass sie auch ökonomisch gesehen sehr erfolgreich waren.[19] „Diese Verbindung von ökonomischem Rationalismus und religiösem Irrationalismus ist charakteristisch für Franke und sein Reformwerk."[20]

4.2 Umsetzung der franckischen Erziehungskonzeption im Waisenhaus

Als Nächstes soll die Fragestellung konkretisiert werden, wie Francke seine pädagogischen Ideen in die Tat umsetzte. Dies soll am Beispiel des von ihm aufgebauten Waisenhauses geschehen.

Francke begann mit dem Aufbau seines Waisenhauses, weil er sah wie die Kindern, die in den von ihm ebenfalls aufgebauten Schulen unterrichtet wurden, außerhalb des Unterrichts nicht mehr unter seinem Einfluss standen und die Ideen, die er ihnen vermitteln wollte schnell wieder aufgaben.[21]

Da begann er zunächst, einige Waisenkinder in Privathäusern unterzubringen, erst später erwarb zu diesem Zweck ein eigenes Haus. Die Kinder wurden von einem Studenten in den Fächern Latein, Griechisch. Hebräisch, Historie, Geographie, Musik und Botanik

---

[17] Vgl. Francke, August Hermann 1892.
[18] Vgl. Menck Peter, 1968, S.28
[19] Kuhn 2003. S.17 f.
[20] Vgl. Ebd. S. 18
[21] Vgl. Oschlies, Wolf, 1968, S.64

unterwiesen. Neben dem Unterricht stellte Francke ihnen auch materielle Hilfeleistungen zu Verfügung. Zunächst zahlte er den Bedürftigen vier bis zwölf Groschen in der Woche am Tag aus. Dabei kam es allerdings zu zahlreichen Missbrauchsfällen, weshalb Francke begann, Freitische einzurichten, an denen den Kindern Essen ausgeteilt wurde. Diese erwiesen sich als eine sehr beständige Institution im Waisenhaus und blieben bis 1773 so erhalten, erst dann wurden sie teilweise aufgelöst.[22]

1698 erfolgte ein Neubau des Waisenhauses, das bei den finanziellen Schwierigkeiten, in denen Francke zu diesem Zeitpunkt steckte, allerdings nur mit der Unterstützung der örtlichen Bevölkerung möglich war.

Die große Bedeutung des Waisenhauses liegt vor allem darin, dass hier die relativ junge pietistische Ideologie das erste Mal erfolgreich in die Praxis umgesetzt wurde. Außerdem wurden Franckes Schulen sowie das Waisenhaus zum Vorbild für die Einführung der Schulpflicht in Preußen.[23]

5. Aktualität von Franckes pädagogischen Konzepten

Folglich soll das Thema der Aktualität von Franckes pädagogischen Konzepten näher beleuchtet werden. Hierbei ist zunächst festzustellen, dass Francke für seine Zeit in der Praxis progressive und für die Zukunft prägende pädagogische Arbeit geleistet hat.

Das zeigt zum Beispiel in der Förderung der Realienfächer aber auch in der Lehrerbildung. Wie bereits oben erwähnt, lässt sich dies auf seine theoretischen Konzepte weniger übertragen.

Ein weiterer vorbildlicher Aspekt war die materielle Hilfe, die er seinen Schülern zukommen ließ.[24]

Durch die Freitische beziehungsweise materielle Hilfe konnten Kindern aus nicht-adeligen Familien Zugang zur Bildung erlangen. Die stellt einen wichtigen Meilenstein auf dem Weg zu einem allgemeinen modernen Bildungssystem dar, was auch in der, oben bereits angesprochene, Bildungsreform in Preußen zeigte, die maßgeblich vom Haller Pietismus inspiriert wurde.[25]

---

[22] Vgl. Ebd. S.67
[23] Greschke, Melanie, 2014.
[24] Vgl. Kotsch, Michael, 2010, S. 170 ff.
[25] Vgl. Velten, Dieter, 1988, S.62

Außerdem ist der soziale Aspekt im Bildungswesen auch heute noch ein wichtiges Thema wenn es zum Beispiel um soziale Ungerechtigkeit an Schulen geht. Hier kann Franckes Ansatz uns auch heute noch als Exempel dienen.

Franckes Bedeutung wird auch an den zahlreichen Arbeiten, die über ihn und sein Werk verfasst wurden, sowohl aus theologischer als auch pädagogischer Perspektive, deutlich.[26] Zu seinem 300. Geburtstag gab es in beiden Hälften des damals noch geteilten Deutschland Veranstaltungen zu seinen Ehren, was die Bedeutung demonstriert, die ihm auch heute noch beigemessen wird.

Allerdings wird der Pietismus weitläufig als rückständig und wissenschaftsfeindlich betrachtet, was nicht zu Unrecht auch auf Francke übertragen wird.

6. Fazit

Franckes Arbeit war für seine Zeit, wie bereits mehrfach angesprochen, mit Sicherheit wegweisend.

Durch den Aufbau seiner Schulen sowie des Waisenhauses schuf er eine Anstalt, die noch lange Zeit nach seinem Tod als großes pädagogisches Vorbild betrachtet wurde.

Gleichzeitig wurde ihm, bereits zu Lebzeiten aber auch heute, viel Kritik entgegen gebracht. Darunter neben seiner angeblichen Gegnerschaft zu Wissenschaft und Aufklärung, die bereits oben behandelt wurden, auch andere Punkte. Ein Beispiel ist, dass Francke als Ziel angab, den Eigen-Willen brechen zu wollen. Dies muss uns heute als etwas äußert negatives erscheinen.

Allerdings muss man hier beachten, dass Francke in eine Welt hineingeboren wurde, die komplett von Absolutismus und Feudalismus bestimmt war. Zwar gab es durchaus Menschen, die auch damals bereits fortschrittlicheres, weniger autoritäres Gedankengut vertraten, allerdings stellte das für diese Epoche eine Ausnahme dar.

Das Francke die damalige Ständegesellschaft akzeptierte sollte man ihm heute nicht zum Vorwurf machen, denn diese seit Jahrhunderten bestehenden Strukturen, die weitgehend als gottgegeben betrachtet wurden, in Frage zu stellen, war für ihn wie die meisten seiner Zeitgenossen etwas unvorstellbares.

---

[26] Vgl. Ebd. S.65

In diesem Punkt ist Francke einfach ein typisches Beispiel für die Menschen seiner Zeit und seine Aussage, dass der Eigen-Willen gebrochen werden soll, muss unter diesem Geschichtspunkt betrachtet werden, dass gilt natürlich ebenso für seinen gesellschaftlichen Standpunkt und sein Werk im Allgemeinen.

Abschließend möchte ich aus persönlicher Sicht zum Ausdruck bringen, dass ich während der Verschriftlichung dieser Hausarbeit bemerkte, dass August Hermann Franke sowohl historisch gesehen als auch biographisch sehr ambivalente Haltungen hatte. Obwohl er zum Teil rückständige religiöse Positionen vertrat, war seine Pädagogik sehr fortschrittlich. Zudem legte er stets der ärmeren Bevölkerung eine besondere Bedeutung bei, obwohl der Pietismus, dessen Vertreter er war, sich auf die Seite des herrschenden Standes orientierte.

Nach einer komprimierten Zusammenfassung ziehe ich persönlich aus dieser Arbeit den Schluss, dass es sich rentiert, statt sich auf religiöse und historische Kontexte in die eigentliche Hausarbeit rein zu integrieren, da man dadurch verschiedene Gedanken oder Ansichten besser entfalten kann. Die Korrelation differenzierter Darstellungen aus verschiedenen theologisch-historischen Texten und der eigenen Nachforschung ermöglicht ein multiperspektivisches Bild, wodurch Fragestellungen besser angegangen werden.

7. Literaturverzeichnis

Primärliteratur:

Francke, August Hermann: Kurzer und einfältiger Unterricht, Hg. Von: Albert Richter, Leipzig 1892

Sekundärquellen:

Ahrbeck-Wothge, Rosemarie Bergner, Dieter u.a.: Festreden und Kolloquium über den Bildungs- und Erziehungsgedanken bei August Hermann Francke aus Anlaß der 300. Wiederkehr seines Geburstages, Wittenberg 1964

Beyreuther, Erich: August Hermann Francke. Zeuge des lebendigen Gottes, Berlin 1958.

Bunke, Ernst : August Hermann Francke - Ein Mann des Glaubens und der Tat, Gießen/ Basel 1986.

Kotsch, Michael: August Hermann Franke: Pädagoge und Reformer. Dillenburg. 2010.

Kuhn, Thomas K.: Religion und neuzeitliche Gesellschaft, Tübingen 2003.

Lorenzen, Hermann: August Hermann Francke. Pädagogische Schriften. Paderborn. 1964.

Menck, Peter: Die Pädagogik August Hermann Franckes, Bonn 1968.

Mentzel, Friedrich-Franz: Pietismus und Schule. Hohengehren. 1993.

Oschlies, Wolf: Die Arbeits- und Berufspädagogik August Hermann Franckes, Witten 1969.

Velten, Dieter: August Hermann Francke. In: Glauben - Lehren - Erziehen : Pädagogen und pädagogische Konzepte im Pietismus. Hrsg. v. Dieter Velten, Frankfurt 1988.

Internetquellen:

Telschkow, Jürgen: Philipp Jakob Spener und August Hermann Francke, die beiden Väter des Pietismus. Vortrag in der Mitgliederversammlung des Evangelischlutherischen Predigerministeriums, Frankfurt am Main, 10.11.2005 [Onlinefassung]; URL : http://juergen.tuxlog.de/?p=31 (Stand: 15.04.2015)

Beyreuther, Erich, "Francke, August Hermann" in: Neue Deutsche Biographie 5 (1961), S. 322-325 [Onlinefassung]; URL: http://www.deutsche-biographie.de/ppn118534688.html (Stand: 15.04.2015)

Mönch, Regina: Barocke Schulreform. Realienwissen für alle, in: Frankfurter Allgemeine. Feuilleton, 06.05.2013. [Onlinefassung]; URL: http://www.faz.net/aktuell/feuilleton/barocke-schulreform-realienwissen-fuer-alle-12174557.html (Stand: 15.04.2015)

Dittrich-Jacobi, Juliane: Pietismus und Pädagogik im Konstitutionsprozess der bürgerlichen Gesellschaft. Historisch-systematische Untersuchung der Pädagogik August Hermann Franckes (1663 - 1727), Bielefeld 1976. [Onlinefassung]; URL: http://pub.uni-bielefeld.de/luur/download?func=downloadFile&recordOId=2301254&fileOId=2301257 (Stand: 03.05.2015).

Greschke, Melanie: 25 Jahre AHF: Der Anfang Hat Kraft Gekostet. In: Derdetmolder.de, 30.3.2014. [Onlinefassung]; URL: http://www.derdetmolder.de/?p=3965 (Stand:13.05.2015).

BEI GRIN MACHT SICH IHR WISSEN BEZAHLT

- Wir veröffentlichen Ihre Hausarbeit,
  Bachelor- und Masterarbeit

- Ihr eigenes eBook und Buch -
  weltweit in allen wichtigen Shops

- Verdienen Sie an jedem Verkauf

Jetzt bei www.GRIN.com hochladen
und kostenlos publizieren